CHEVAUX DE TRAIT

DE L'ARTILLERIE

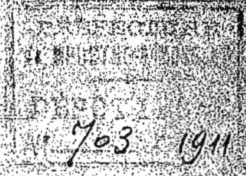

RAPPORT DE LA COMMISSION

Chargée de suivre les expériences sur les chevaux d'attelage d'artillerie

de taille comprise entre 1m 48 et 1m 53

effectuées à Vannes en 1910 par la 2e batterie du 35e régiment d'artillerie

AVEC 62 FIGURES DANS LE TEXTE

LIBRAIRIE MILITAIRE BERGER-LEVRAULT

PARIS | NANCY
RUE DES BEAUX-ARTS, 5—7 | RUE DES GLACIS, 18

1911

CHEVAUX DE TRAIT

DE L'ARTILLERIE

RAPPORT DE LA COMMISSION

Chargée de suivre les expériences sur les chevaux d'attelage d'artillerie

de taille comprise entre 1ᵐ 48 et 1ᵐ 53

effectuées à Vannes en 1910 par la 2ᵉ batterie du 35ᵉ régiment d'artillerie

AVEC 62 FIGURES DANS LE TEXTE

LIBRAIRIE MILITAIRE BERGER-LEVRAULT

PARIS	NANCY
RUE DES BEAUX-ARTS, 5—7	RUE DES GLACIS, 18

1911

Extrait de la *Revue d'Artillerie* — Janvier 1914

CHEVAUX DE TRAIT DE L'ARTILLERIE

RAPPORT

DE LA

Commission chargée de suivre les expériences (¹)

Le présent rapport comprend les divisions suivantes :

(¹) On peut consulter sur le même sujet, dans la *Revue d'Artillerie*, les articles ci-après : *Le Cheval d'artillerie*, par le lieutenant P. JOLY, t. **54**, p. 328; *Chevaux et voitures d'artillerie*, par le commandant MACHART, t. **57**, p. 136; t. **58**, p. 164, 306; *Chevaux de trait de l'artillerie* (Rapport de la commission de 1909), avril et mai 1910, t. **76**, p. 5 et 65.

Les figures 1 à 43 se rapportent à des petits bretons; les figures 44 à 59 représentent des chevaux de l'Est; enfin les figures 60 à 62 sont des photographies de grands chevaux. Les abréviations employées dans les légendes de ces figures signifient : t. = taille; p. = poids; t. p. = tour de poitrine; l. p. = largeur de poitrine; L. = longueur; t. c. = tour du canon; d. = distance du passage des sangles au sol; or. = origine.

I — Composition de la Commission

La commission comprenait les mêmes membres que celle qui avait procédé aux expériences sur le cheval d'attelage d'artillerie effectuées dans quatre centres en 1909, à l'exception de deux officiers, dont l'un a pris sa retraite (commandant Courtois du 24ᵉ dragons) et l'autre (commandant Barny de Romanet) est actuellement affecté au service d'état-major en Algérie. Ces deux officiers ont été remplacés par le chef d'escadrons Champion du 18ᵉ dragons, ancien commandant du dépôt de remonte de Caen, et le capitaine Charpy du 10ᵉ d'artillerie, ancien commandant des dépôts de Cuperly et de Faverney.

Membres

MM. le général Châtelain, commandant l'artillerie du 20ᵉ corps, *président;*
  l'inspecteur général des haras Ollivier;
  le colonel Gossart, commandant le 22ᵉ rég. d'artillerie;
  le lieutenant-colonel Diez, du 1ᵉʳ bureau de la 3ᵉ Direction au ministère de la guerre;
  le chef d'escadrons Champion, du 18ᵉ dragons;
  le chef d'escadron Jaillon, du 62ᵉ d'artillerie;
  le chef d'escadron Peigné, du 26ᵉ d'artillerie;
  le vétérinaire-major Junot, du 10ᵉ d'artillerie;
  le capitaine Charpy, du 10ᵉ d'artillerie;
  le capitaine d'artillerie Fondeur, à la disposition du général inspecteur permanent des remontes;
  le capitaine d'artillerie Marty, acheteur à titre permanent au dépôt de remonte de Saint-Lô.

Délégation de la commission. — En outre, une délégation de la commission a suivi toutes les épreuves; elle comprenait :
  MM. le chef d'escadrons Champion; le chef d'escadron Peigné; les capitaines Charpy et Fondeur.

Fig. 1 — *Dictature* (Saint-Pol-de-Léon)
7 ans ; — t. 1,46 ; — p. 430 ; — t. p. 1,71 ; — l. p. 0,33 ; — L. 1,58 ; — t. c. 0,205 ; — d. 0,77
Or. présumée par *Fripon*, trait breton.

Fig. 2 — *Difficile* (Landivisiau)
7 ans ; — t. 1,47 ; — p. 440 ; — t. p. 1,76 ; — l. p. 0,41 ; — L. 1,62 ; — t. c. 0,21 ; — d. 0,77

II — But des expériences

Conformément aux instructions de M. le ministre de la guerre, le but que s'est proposé la commission dans ces expériences a été :

De se rendre compte, dans des épreuves sévères, sensiblement analogues à celles du temps de guerre, des services que pourraient rendre, dans les batteries montées de 75, des chevaux d'attelage de taille comprise entre 1 m 48 et 1 m 53 inclus.

Afin d'établir une comparaison et de rendre les résultats plus concluants, on a fait participer aux expériences un même nombre de chevaux *d'attelage* en service, tirés au sort (*sous la responsabilité des chefs de corps*) dans les deux régiments d'artillerie de la garnison de Vannes, parmi tous les animaux de six à douze ans, de cette catégorie, disponibles.

III — Programme des expériences

Les expériences ont été effectuées conformément au programme établi par la commission et approuvé par M. le ministre de la guerre le 18 juillet 1910; il était exactement le même que celui qui a été suivi pour l'exécution des épreuves dans quatre centres en 1909 (Voir Annexe I).

Composition de la batterie. — La 2ᵉ batterie du 35ᵉ d'artillerie comprenait :

45 petits chevaux achetés par le dépôt de remonte de Guingamp;

15 petits chevaux achetés par le dépôt de remonte de Faverney;

60 chevaux de taille de 1 m 54 à 1 m 62 (30 du 28ᵉ, 30 du 35ᵉ) dont 55 provenant du dépôt de Guingamp et 5 du dépôt de Saint-Lô.

Pendant toute la durée des épreuves, les chevaux de chacune de ces trois catégories ont toujours été attelés aux mêmes voitures (canons ou caissons), conformément aux indications du programme.

Fig. 3 — *Flemme* (Le Faouët)
5 ans ; — t. 1,48 ; — p. 430 ; — t. p. 1,74 ; — l. p. 0,40 ; — L. 1,575 ; — t. c. 0,20 ; — d. 0,80

Fig. 4 — *Bosse* (Gourin)
9 ans ; — t. 1,48 ; — p. 480 ; — t. p. 1,81 ; — l. p. 0,375 ; — L. 1,60 ; — t. c. 0,19 ; — d. 0,79

IV — Renseignements sur les chevaux de petite taille avant leur participation aux épreuves

1° *Chevaux bretons*. — Les 45 chevaux ont été achetés par le dépôt de Guingamp, en quelques séances, entre le 25 juin et le 1er août 1910, et ont été trouvés facilement :

    4 à Guingamp (Côtes-du-Nord), les 25 juin et 1er août;
    4 à Loudéac (Côtes-du-Nord), le 13 juillet;
    2 à la foire de La Martyre (Finistère), le 11 juillet;
    13 à Saint-Pol-de-Léon (Finistère), le 18 juillet;
    12 à Landivisiau (Finistère), le 19 juillet;
    5 à Brasparst (Finistère), le 21 juillet;
    2 à Gourin (Morbihan), le 22 juillet;
    3 au Faouet (Morbihan), le 23 juillet.

Au total 45, dont 41 juments et 4 hongres.

Presque tous ces animaux étaient employés, avant leur achat, à la culture, aux travaux de la ferme et au carriolage; 14 juments avaient eu des poulains.

Pendant leur séjour au dépôt de Guingamp, les chevaux ont été pesés deux fois :

La première fois, deux jours après leur arrivée au dépôt;

La deuxième fois, deux jours avant leur départ.

Il a été intéressant de constater que les chevaux de 1m53 accusaient exactement le même poids à chacune des pesées, tandis que ceux de 1m48, soumis aux mêmes exercices et au même régime, avaient gagné au total 88 kg, soit 11 kg par cheval, le gain de poids variant presque en raison inverse de la taille, de 11 kg à 0 kg.

La facilité avec laquelle ces 45 chevaux ont été trouvés malgré les conditions d'âge exigées (de six à douze ans), montre que la Bretagne fournirait en grande quantité des chevaux de petite taille, dans le modèle de ceux qui ont été achetés.

Fig. 5 — *Émotion* (Loudéac)
6 ans ; — t. 1,49 ; — p. 390 ; — t. p. 1,68 ; — l. p. 0,355 ; — L. 1,515 ; — t. c. 0,19 ; — d. 0,82

Fig. 6 — *Cambo* (Loudéac)
6 ans ; — t. 1,49 ; — p. 427 ; — t. p. 1,72 ; — l. p. 0,375 ; — L. 1,565 ; — t. c. 0,205 ; — d. 0,81
Or. *Indompté* 1/2 s. et fille d'*Enghien*.

Tous les renseignements qui précèdent ont été fournis par le commandant du dépôt de Guingamp.

2º *Chevaux de l'Est.* — Les 15 chevaux ont été achetés par le dépôt de Faverney entre le 13 juillet et le 22 août :

2 à Rambervillers (Vosges), le 13 juillet;
2 à Neufchâteau (Vosges), le 17 juillet;
1 à Vézelise (Meurthe-et-Moselle), le 17 juillet;
3 à Vézelise (Meurthe-et-Moselle), le 8 août;
4 à Vittel (Vosges), le 13 août;
1 à Vittel (Vosges), le 16 août;
2 à Épinal (Vosges), le 22 août.

Au total 15, dont 7 juments et 8 chevaux hongres.
3 seulement étaient fils d'étalons ardennais.

Tous ces animaux, avant leur achat, étaient employés au service de culture au pas, et surtout à celui de bidet de ferme au trot.

3º *Séjour des chevaux de petite taille au 35º d'artillerie à Vannes.* — Les chevaux de petite taille furent livrés par les dépôts, les 2 et 25 août, en très bon état d'entretien.

Quelques jours après leur arrivée au régiment, un grand nombre d'entre eux (surtout les bretons) furent atteints d'angine gourmeuse, ce qui nécessita leur entrée à l'infirmerie, comme l'indique le tableau des indisponibilités joint au rapport (Voir annexe VII).

Néanmoins, presque tous les chevaux purent être soumis, pendant les trois semaines qui précédèrent les épreuves, à un léger travail d'entraînement forcément irrégulier en raison de leur état sanitaire et qui se termina, dans les derniers jours, par des parcours sur route d'environ 22 km à la vitesse de 8 km à l'heure, les chevaux attelés à des voitures ayant sensiblement le poids réglementaire.

Fig. 7 — *Bord* (Guingamp)

9 ans ; — t. 1,49 ; — p. 425 ; — t. p. 1,71 ; — l. p. 0,38 ; — L. 1,59 ; — t. c. 0,21 ; — d. 0,79

Fig. 8 — Le même monté.

D'après les renseignements fournis par les officiers de la batterie et par un des membres de la commission, tous ces chevaux (sauf deux, *Dictature* et *Endiablée*, juments très nerveuses) furent harnachés, attelés et montés sans difficulté; de plus, dès les premiers jours, ils montrèrent une grande fidélité à la bricole, s'employant vaillamment dans les traits, en particulier pour les démarrages.

En examinant les tableaux A des mensurations, on constate que les petits bretons (les plus atteints par la gourme) ont subi, depuis leur arrivée à Vannes, des pertes de poids très sensibles, dont une grande part doit être attribuée à leur séjour à l'infirmerie; au contraire, les chevaux de l'Est (très peu atteints) ont, en général, augmenté de poids (Voir annexe V).

Un cheval, *Eunuque*, du dépôt de Faverney, est mort d'anasarque, le 19 septembre, à Vannes.

V — Renseignements sur les chevaux de plus grande taille

Conformément aux instructions du programme, 30 de ces animaux appartenaient au 28ᵉ d'artillerie et 30 au 35ᵉ; ils avaient été tirés au sort parmi tous les chevaux d'attelage disponibles dans chacun de ces deux corps :

50 provenaient du Finistère;
4   —   des Côtes-du-Nord;
1   —   du Morbihan;
5   —   de la Manche.

Ces chevaux, ainsi qu'il est indiqué dans le paragraphe **VIII**, étaient en assez bonne condition, sauf une dizaine qui étaient *bas d'état*.

La plupart avaient participé aux grandes manœuvres; ils avaient été soumis depuis leur retour à un travail modéré.

Fig. 9 — *Diligence* (Brasparts)
7 ans ; — t. 1,49 ; — p. 465 ; — t. p. 1,83 ; — t. p. 0,36 ; — L. 1,645 ; — t. c. 0,19 ; — d. 0,82

Fig. 10 — *Dame* (Le Faouët)
7 ans ; — t. 1,50 ; — p. 418 ; — t. p. 1,81 ; — t. p. 0,395 ; — L. 1,63 ; — t. c. 0,20 ; — d. 0,775

VI — Caractéristiques des épreuves

En raison des conditions atmosphériques, des fortes
rampes présentées par les routes parcourues, du mauvais
état des chemins utilisés pour les occupations ou les
changements de position, les épreuves ont été particulièrement dures; elles représentaient bien, pendant les huit
jours de marches-manœuvres, le travail que l'on est en
droit de demander à une batterie en temps de guerre.

Le temps a été défavorable pendant la majeure partie
de l'expérience; des étapes ou marches ont été effectuées
sous des pluies violentes; à Quimper et à Locminé les
chevaux sont restés jour et nuit sous une pluie torren-
tielle et froide; à Quimperlé ils étaient installés sur un
terrain communal complètement couvert d'une boue
grasse et épaisse. Faute d'abris, ils ont dû, à ces bivouacs,
manger leur fourrage mouillé et être garnis le lendemain
avec du harnachement humide et dur.

Pendant toute la période l'avoine était bonne, mais
le foin était médiocre (grand foin lavé et peu nutritif).

La température a varié de 3° à 17°, avec des nuits
et des matinées très fraîches. Dans les marches-manœuvres, à la suite de l'occupation des positions, les chevaux
ont été exposés très souvent pendant une durée d'une
heure à des vents très froids.

Au deuxième repas, ils ont, tous les jours (sauf un),
mangé leur avoine sans avoir bu.

Les routes étaient pour la plupart larges, assez rou-
lantes, avec une chaussée dure et couverte de nombreu-
ses aspérités, qui rendaient la marche fatigante; elles
étaient très accidentées, avec des rampes de 5 à 12 p. 100,
souvent longues de plusieurs kilomètres, d'où des efforts
de traction continus et soutenus dans les montées, et
des retenues très pénibles dans les descentes.

Pendant les marches-manœuvres, de longs temps de

Fig. 11 — *Éminence* (La Martyre)
7 ans ; — t. 1,49 ; — p. 490 ; — t. p. 1,82 ; — l. p. 0,41 ; — L. 1,58 ; — t. c. 0,195 ; — d. 0,77

Fig. 12 — *Digitale* (Landivisiau)
7 ans ; — t. 1,49 ; — p. 475 ; — t. p. 1,78 ; — l. p. 0,40 ; — L. 1,57 ; — t. c. 0,21 ; — d. 0,795

trot de 8 à 9 km ont été effectués chaque jour sur route,
sans tenir compte des pentes et sans enrayer dans les
descentes; ils étaient immédiatement suivis d'une
marche de 500 à 1.500 m au pas ou au trot dans des chemins étroits, encaissés, bourbeux ou rocailleux, glissants,
découpés par des ornières profondes; cette marche né-
cessitait, outre beaucoup d'adresse de la part des conducteurs et des chevaux, des efforts de traction consi-
dérables, comme en témoignent les déformations des
ressorts de traction de certaines voitures.

Les occupations de positions de batterie ont été faites
dans la lande ou dans des terrains cultivés, dont le sol
était assez lourd et peu roulant.

Après la halte d'une heure, la batterie a effectué
chaque jour un changement de position de 3 à 4 km en
passant par des chemins de terre difficiles, où la nature
et les inégalités du sol exigeaient un fort travail de la
part de tous les attelages de chaque voiture.

Après la halte-repas, succédant à la deuxième position, la batterie rentrait au cantonnement vers 2 heures
de l'après-midi (les voitures attelées à quatre), par une
marche sur route de longueur variant de 4 à 8 km.

Le dernier jour des épreuves, la batterie est rentrée
les voitures attelées à six, la commission, réunie sur le terrain de manœuvre de Vannes, ayant tenu à la voir constituée comme le jour du départ de la garnison.

VII. — Opérations de la Commission

La commission a examiné tous les chevaux d'attelage
participant aux épreuves :

1º Individuellement, l'avant-veille du départ (toutes
les mensurations figurant aux tableaux A ont été prises,
pendant cet examen, les chevaux à jeun);

2º La batterie complètement constituée et attelée la
veille du départ;

Fig. 13 — *Elingue* (Brasparts)
6 ans ; — t. 1,50 ; — p. 405 ; — t. p. 1,73 ; — l. p. 0,365 ; — L. 1,51 ; — t. c. 0,21 ; — d. 0,82

Fig. 14 — *Candeur* (La Martyre)
8 ans ; — t. 1,50 ; — p. 470 ; — t. p. 1,81 ; — l. p. 0,39 ; — L. 1,565 ; — t. c. 0,21 ; — d. 0,79

3º La batterie attelée, à son arrivée sur le terrain de manœuvres de Vannes, le jour de son retour;

4º Par catégories (petits bretons, chevaux de l'Est, chevaux de taille comprise entre 1^m 54 et 1^m 62) l'après-midi du jour de l'arrivée;

5º Quelques chevaux de petite taille, montés au manège par des gradés, le jour de l'arrivée;

6º Individuellement, le lendemain de l'arrivée (les chevaux ont été pesés de nouveau et à jeun).

VIII — Examen des chevaux par la Commission avant les épreuves

A l'examen avant le départ, la commission a constaté que la plupart des *chevaux de petite taille* offraient un modèle satisfaisant comme attelage; animaux puissants, bien charpentés, bien soudés, avec de bons membres, près de terre; quelques-uns, cependant, beaucoup trop légers; ensemble assez homogène pour les chevaux bretons, beaucoup moins pour les chevaux de l'Est. Malgré la gourme qui les avait presque tous touchés, ils étaient en assez bon état, avec un bon œil et bon poil. D'après l'avis du vétérinaire, la commission décida que 6 juments pleines et 1 cheval à l'infirmerie resteraient à Vannes et ne participeraient pas aux épreuves.

A l'examen de la batterie attelée, elle constata l'adaptation parfaite du harnachement aux petits chevaux; de plus, pendant la marche, les traits, depuis l'attelage de devant jusqu'à celui de derrière, étaient presque *horizontaux*, et donnaient l'impression (vérifiée d'ailleurs pendant toute la durée des épreuves) que dans ces conditions, le coefficient d'utilisation à la traction devait atteindre son maximum.

Les porteurs ne paraissaient pas écrasés sous le cavalier, et l'ensemble (cheval et cavalier) n'avait rien de

Fig. 15 — *Empeigne* (Saint-Pol-de-Léon)
6 ans ; — t. 1,50 ; — p. 400 ; — t. p. 1,73 ; — l. p. 0,355 ; — L. 1,52 ; — t. c. 0,19 ; — d. 0,81.
Or. présumée par *Vibrant* 1/2 s. et jument de trait.

Fig. 16 — *Endiablée* (Landivisiau)
6 ans ; — t. 1,50 ; — p. 435 ; — t. p. 1,77 ; — l. p. 0,36 ; — L. 1,565 ; — t. c. 0,185 ; — d. 0,80

choquant; le dos des chevaux était assez bien conformé pour que la selle y trouvât largement sa place.

Les *chevaux de plus grande taille* (1ᵐ 54 à 1ᵐ 62) étaient en assez bon état; une dizaine cependant étaient bas de condition (voir annexe VI) (presque tous étaient rentrés des manœuvres trois semaines auparavant et n'avaient eu qu'un léger travail depuis leur retour).

Tableau indiquant le nombre de chevaux dans chacune des tailles ainsi que le poids moyen correspondant

TAILLE	NOMBRE de chevaux	POIDS MOYEN		TAILLE	NOMBRE de chevaux	POIDS moyen au départ
		à l'achat	au départ			
m		kg	kg	m		kg
1,46	1	479	430	1,54	4	468
1,47	1	485	440	1,55	8	465
1,48	3	443	428	1,56	7	464
1,49	11	457	452	1,57	4	494
1,50	12	463	442	1,58	4	508
1,51	4	461	443	1,59	7	493
1,52	9	492	467	1,60	12	491
1,53	11	499	480	1,61	4	470
				1,62	6	508
	52				55	

Les diminutions de poids des petits chevaux entre le moment de l'achat et le départ pour les épreuves doivent être attribuées en grande partie au séjour à l'infirmerie de la plupart d'entre eux.

IX — Examen des chevaux par la Commission après les épreuves

La commission a examiné la batterie, au moment où elle arrivait sur le terrain de manœuvres après un temps de trot de 8ᵏᵐ 500. Elle a constaté que les petits chevaux étaient parfaitement dans les traits, exerçant leur effort d'une manière soutenue, et se conduisant

Fig. 17 — *Bonsoir* (Brasparts)
9 ans; — t. 1,50 ; — p. 418 ; — t. p. 1,80 ; — l. p. 0,40 ; — L. 1,55 ; — t. c. 0,19 ; — d. 0,79

Fig. 18 — Le même monté.

facilement. Au bout de très peu de temps, tous avaient repris leur respiration normale; quelques-uns parmi les petits accusaient de la fatigue; le nombre des chevaux fatigués était beaucoup plus élevé parmi ceux de plus grande taille. Trois chevaux seulement manquaient à l'appel (*Diane*, 1ᵐ 53, renvoyée de Châteaulin pour paraplégie; *Émoulue*, 1ᵐ 52, renvoyée pour avortement, et *Marcheur*, 1ᵐ 57, mort au dernier cantonnement).

L'après-midi du même jour, elle a examiné l'ensemble des chevaux par catégories, et plus particulièrement ceux qu'elle avait choisis avant le départ comme les plus aptes ou les moins aptes au service du trait. De plus, afin de se rendre compte de l'utilisation des petits chevaux pour l'instruction à cheval, elle en a fait monter quelques uns au manège. Elle a constaté qu'ils portaient facilement le cavalier aux trois allures, et qu'ils étaient suffisamment souples. Le lendemain, elle a examiné tous les chevaux individuellement, et a consigné sur les tableaux A, les renseignements sur le poids, l'état général, la fatigue et les blessures.

L'examen des tableaux A (annexes V et VI) pour toutes les catégories de chevaux ayant participé aux épreuves pendant toute leur durée, fournit les résultats suivants :

1° *Chevaux revenus bas d'état*

Petits bretons. — 7 sur 33 chevaux partis en bon état ou assez bon état, soit environ 1/5
Petits chevaux de l'Est. — 3 sur 11 chevaux partis en bon état ou assez bon état, soit environ 1/4
Chevaux de 1ᵐ54 à 1ᵐ62. — 22 (dont 10 de 1ᵐ59 et au-dessus) sur 44 chevaux partis en bon ou assez bon état, soit. 1/2

2° *Chevaux revenus fatigués*

Petits bretons. — 4 sur 38 chevaux partis en bon état ou assez bon état, soit environ 1/9

Fig. 19 — *Modèle* (Landivisiau)
6 ans ; — t. 1,50 ; — p. 490 ; — t. p. 1,79 ; — l. p. 0,39 ; — L. 1,59 ; — t. c. 0,10 ; — d. 0,825
Or. *Brillant* 1/2 s. et *Old Times*, anglais.

Fig. 20 — *Enclume* (Landivisiau)
6 ans ; — t. 1,50 ; — p. 485 ; — t. p. 1,81 ; — l. p. 0,39 ; — L. 1,585 ; — t. c. 0,19 ; — d. 0,795

Petits chevaux de l'Est. — 4 sur 13 chevaux partis
en bon ou assez bon état, soit environ 1/3
Chevaux de 1ᵐ 54 à 1ᵐ62. — 19 (dont 11 de 1ᵐ 59
à 1ᵐ 62) sur 55 chevaux partis en bon ou assez bon
état, soit environ 1/3

3° *Chevaux revenus blessés*

Petits bretons. — 2 (légères excoriations) sur 38 chevaux partis en bon ou assez bon état, soit 1/19
Petits chevaux de l'Est. — 1 (légères excoriations) sur
13 chevaux partis en bon ou assez bon état, soit . .   1/13
Chevaux de 1ᵐ 54 à 1ᵐ 62. — 9 (dont 5 de 1ᵐ 59 et
au-dessus) sur 55 chevaux partis en bon ou assez
bon état, soit environ 1/6

4° *Pertes de poids*

Petits bretons. — Au total, 1.111 kg pour 38 chevaux, soit
29ᵏᵍ 240 par cheval

Petits chevaux de l'Est. — Au total, 527 kg pour 13 chevaux,
soit 40ᵏᵍ 530 par cheval

Chevaux de 1ᵐ 54 à 1ᵐ 62. — Au total, 2 370 kg pour 55 chevaux, soit 43ᵏᵍ 090 par cheval (dont 1.239 kg pour 28 chevaux
de taille de 1ᵐ 59 et au-dessus, soit 44ᵏᵍ 250 par cheval).

Ces résultats montrent que les petits chevaux ont moins souf-
fert des épreuves que ceux de taille plus grande et, en particulier
ceux de 1ᵐ 59 et au-dessus, qui ont été très éprouvés.

Ils confirment les constatations faites dans les épreuves de
1909, à savoir : que les *grands chevaux du Finistère* étant en général très lymphatiques, ne convenaient pas au service d'attelage de
l'artillerie (la plus grande partie de ces chevaux de grande taille
provenaient du Finistère comme l'indique l'annexe VI).

NOTA. — Ne sont pas compris dans les résultats précédents :
6 juments de petite taille reconnues en état de gestation avant
le départ ;
2 chevaux morts (*Eunuque* et *Marcheur*) ;

Fig. 21 — *Égide* (Le Faouët)
6 ans ; — t. 1,50 ; — p. 440 ; — t. p. 1,82 ; — l. p. o,39 ; — L. 1,575 ; — t. c. o,20 ; — d. o,81

Fig. 22 — *Émaciée* (Loudéac)
6 ans ; — t. 1,51 ; — p. 408 ; — t. p. 1,75 ; — l. p. o,38 ; — L. 1,62 ; — t. c. o,19 ; — d. o,81
Or. présumée par *Obélisque*, 1/2 s. et fille d'*Enghien* 1/2 s.

1 cheval (*Vannes*) ayant la taille de 1 m 50 au lieu de 1 m 54 figurant sur son livret;

1 jument (*Diane*) renvoyée de Châteaulin à Vannes;

3 chevaux qui n'ont pas pu être mensurés, ayant remplacé 3 indisponibles le jour du départ de la batterie.

Tous les chevaux ont été attelés comme porteurs un jour sur deux (sauf *Dictature*, 420 kg, jument très nerveuse, attelée en sous-verge, *Émaciée*, jument de demi-sang, 408 kg, trop légère, et *Cousine*, qui n'a été attelée que les quatre derniers jours, en raison de son mauvais état de santé au départ).

X — Conclusions de la Commission

Les conclusions ci-après sont basées, d'une part, sur les résultats fournis par l'examen détaillé des tableaux A, et d'autre part, sur les renseignements donnés par les membres de la délégation de la commission qui ont suivi chaque jour les chevaux au travail, au cantonnement ou au bivouac, et ont recueilli de précieuses indications sur l'aptitude à la traction, l'endurance, l'énergie et la rusticité de tous les animaux ayant participé aux épreuves.

1º *Chevaux des régiments* (1 m 54 à 1 m 62)

Ce lot de chevaux, assez homogène, était composé en partie de bretons de taille moyenne qui se sont très bien comportés pendant les expériences.

Quelques grands chevaux, de taille de 1 m 60 à 1 m 62, longs, enlevés et manquant de trempe, ont moins bien supporté les épreuves. Au fur et à mesure que s'élevait la taille, on constatait un amaigrissement plus prononcé, et on voyait apparaître les blessures occasionnées par le harnachement.

La commission a pu vérifier l'exactitude des caractéristiques de *poids*, de *taille*, de *trempe* et de *modèle* établies à la suite des expériences de 1909.

Fig. 23 — *Émilie* (Guingamp)
. 6 ans ; — t. 1,52 ; — p. 450 ; — t. p. 1,74 ; — l. p. 0,39 ; — L. 1,61 ; — t. c. 0,20 ; — d. 0,84

Fig. 24 — *Éminente* (Saint-Pol-de-Léon)
6 ans ; — t. 1,52 ; — p. 490 ; — t. p. 1,85 ; — l. p. 0,39 ; — L. 1,62 ; — t. c. 0,19 ; — d. 0,80

2° *Chevaux de petite taille*

Les chevaux de taille comprise entre 1ᵐ 48 et 1ᵐ 53, achetés spécialement pour les expériences, en tenant compte autant que possible des données qui résultaient des épreuves de 1909, ont, en général, parfaitement répondu aux conditions de masse, de trempe, d'énergie et de puissance nécessaires au cheval d'artillerie.

Tous les membres de la commission ont été frappés de leur *fidélité absolue à la bricole*. Cette fidélité tient à plusieurs causes :

1° A leur *masse suffisante*, qui leur permet d'agir par leur poids et de ménager leurs efforts;

2° A leur *taille réduite*, qui fait que le tirage s'effectue sans déperdition de force; d'où la suppression des à-coups et l'absence de blessures;

3° A l'*homogénéité des attelages d'une même voiture* dont les six chevaux pouvaient, sans se gêner mutuellement, concourir à l'effort;

4° Au *travail*, auquel ces chevaux avaient été soumis chez leurs éleveurs qui les avaient employés à des travaux de culture et les avaient attelés à la carriole.

Le mauvais temps qui n'a pas cessé de régner pendant les épreuves, a mis en valeur la rusticité de ces chevaux. Impassibles aux intempéries, ils ont bivouaqué sous la pluie et le vent, sans que leur santé en ait été incommodée (malgré le manque de condition de certains d'entre eux, qui achevaient à peine leur convalescence de gourme) et sans que leur appétit en ait été diminué.

Leur puissance de traction et de démarrage a pu être maintes fois constatée par les membres de la délégation.

Les longs temps de trot ont été soutenus par eux sans essoufflement, sur les routes les plus accidentées.

Fig. 25 — *Emulsion* (Landivisiau)
6 ans ; — t. 1,52 ; — p. 470 ; — t. p. 1,75 ; — l. p. 0,30 ; — L. 1,60 ; — t. c. 0,21 ; — d. 0,83

Fig. 26 — *Enclave* (Landivisiau)
6 ans ; — t. 1,52 ; — p. 471 ; — t. p. 1,78 ; — l. p. 0,38 ; — L. 1,52 ; — t. c. 0,185 ; — d. 0,83

Les expériences de cette année, comme celles de l'année dernière, font nettement ressortir les *facteurs les plus importants* à considérer dans l'aptitude au trait des chevaux destinés à conduire le matériel de 75.

Ce sont :

1° La *masse*; 2° la *trempe*; 3° la *taille*; 4° le *modèle*.

1° La *masse*. — Il est bon de répéter que ([1]) « *le cheval d'attelage du temps de paix doit être apte à occuper le poste de porteur de derrière, qui est le véritable guide de la voiture;* ce cheval doit démarrer et traîner en tout terrain, environ 400 kg (la voiture étant attelée à 6), porter en même temps 110 kg, retenir au trot avec son sous-verge 2.380 kg et résister aux mouvements latéraux des chevaux de devant et du milieu dans les tournants ».

D'où la *nécessité absolue d'une masse suffisante*.

Les constatations faites pendant les nouvelles épreuves soulignent encore l'*importance de cette masse*.

Quelle que soit son énergie, quel que soit son degré de sang, le cheval *trop léger* ne convient en aucune façon à l'artillerie.

Si, au contraire, il est trop *lourd*, il est en même temps trop lymphatique; les longs temps de trot l'épuisent, et la ration ne lui suffit plus.

Les expériences de 1909 ont fait ressortir que le cheval d'artillerie doit atteindre, *à son complet développement et en complet état d'entraînement*, un poids voisin de 500 kg.

Ce poids de 500 kg était celui qui convenait le mieux aux chevaux de taille relativement élevée, qui avaient été soumis aux expériences, et qui représentaient, dans leurs divers types, les différents modèles de la remonte actuelle de l'artillerie. Pour la taille moyenne de ces

---

([1]) Rapport de 1909. Voir *Revue d'Artillerie*, avril 1910. t. **76**, p. 24.

Fig. 27 — *Rmoulue* (Saint-Pol-de-Léon)
6 ans ; — t. 1,52 ; — p. 472 ; — t. p. 1,77 ; — l. p. 0,37 ; — L. 1,57 ; — t. c. 0,195 ; — d. 0,84

Fig. 28 — *Dévouée* (Guingamp)
7 ans ; — t. 1,53 ; — p. 470 ; — t. p. 1,82 ; — l. p. 0,385 ; — L. 1,605 ; — t. c. 0,21 ; — d. 0,83

chevaux, ce poids représente une certaine *compacité*;
l'indice de compacité [1] du cheval d'artillerie tel qu'il
résultait des expériences de 1909 était d'environ 8 1/2;
pour les petits chevaux de 1ᵐ 48 à 1ᵐ 53, cet indice de
8 1/2 correspondrait à un poids trop faible.

Certains chevaux de petite taille pesant seulement de
400 à 420 kg ont, il est vrai, bien supporté les épreuves,
mais le commandant de la batterie s'était bien gardé, à
juste raison, de les *employer comme attelages de derrière*.
Il n'avait mis à ce poste que les chevaux compacts, bien
soudés et puissants.

*La commission est d'avis que l'indice de compacité du
cheval d'artillerie doit varier, avec la taille, de 8 1/2 à 9 1/2
au maximum.*

Pouvant atteindre 8 1/2 pour les tailles de 1ᵐ 60 à
1ᵐ 62, cet indice doit augmenter au fur et à mesure que
la taille diminue, et se rapprocher de 9 1/2 pour les petits chevaux, ce qui représente un poids de 450 à 475 kg
pour la taille de 1ᵐ 50 (les chevaux à leur complet développement et en état d'entraînement).

Pour cette dernière taille, cette réduction de poids
est justifiée, en raison de la *meilleure utilisation de
la masse du cheval et de son effort dans la bricole*, par
suite de l'horizontalité presque complète des traits.

2º La *trempe*. — La commission a fait au sujet de la
trempe nécessaire au cheval d'attelage, les mêmes constatations que l'année dernière, et elle exprime la même
opinion, à savoir [2] : « La mobilité de l'artillerie étant
une des qualités essentielles de cette arme, il faut que
le cheval d'attelage soit capable d'effectuer sans inter-
ruption, à l'allure réglementaire, des temps de trot pou-

---

[1] Les zootechniciens nomment *indice de compacité*, le rapport du poids
exprimé en kilos au nombre de centimètres de la taille au-dessus du mètre.
[2] Rapport de 1909. *Revue d'Artillerie*, avril 1910, t. **76**, p. 26.

Fig. 29 — *Endive* (Brasparts)
6 ans ; — t. 1,53 ; — p. 520 ; — t. p. 1,80 ; — l. p. 0,375 ; — L. 1,62 ; — t. c. 0,20 ; — d. 0,78

Fig. 30 — *Hirondelle II* (Loudéac)
9 ans ; — t. 1,53 ; — p. 437 ; — t. p. 1,73 ; — l. p. 0,375 ; — L. 1,57 ; — t. c. 0,19 ; — d. 0,81
Or. *Pédant* 1/2 s. et fille de *Chasseron*, p. s.

vant atteindre, dans des moments urgents, des longueurs de 8 à 10 km, d'où la nécessité d'une *certaine trempe*. Les expériences ont permis, en effet, de constater que quelques chevaux lymphatiques, particulièrement ceux de gros poids, avaient été très éprouvés à la suite de longs temps de trot. »

3° *La taille.* — *La nécessité de la masse alliée à une certaine trempe ne permet pas la réduction trop grande de la taille.*

Il y a lieu de remarquer, d'une part, que le nombre de *chevaux jugés trop légers pour le service de porteur de derrière*, est en proportion relativement forte, parmi les chevaux de taille de 1ᵐ 48 à 1ᵐ 49, et que, d'autre part, tous les chevaux de poids excessif par rapport à leur taille, ont manqué de trempe; aussi la commission estime-t-elle que l'on doit être prudent dans la diminution de la taille; c'est pourquoi elle émet l'avis :

Qu'il n'y a pas lieu de mettre en service dans les batteries du temps de paix, des animaux de 1ᵐ 48 et 1ᵐ 49.

Que la taille minimum normale du cheval d'attelage du temps de paix doit être abaissée et fixée à 1ᵐ 52.

Que les chevaux de 1ᵐ 50 et 1ᵐ 51 peuvent être mis en service; mais ces chevaux devront être des sujets de choix, d'un modèle parfait, et répondant entièrement aux conditions de masse et de trempe nécessaires au bon porteur de derrière.

Il est important de faire remarquer que toutes ces tailles et tous ces poids s'entendent du *cheval d'âge, complètement formé et en état d'entraînement*, et qu'un jeune cheval qui n'est pas encore entièrement développé, peut être acheté avec une taille et un poids légèrement différents, si les officiers acheteurs reconnaissent que, lorsqu'il aura terminé sa croissance, il répondra en tous points à la formule du bon attelage.

Il résulte des expériences, que les chevaux de *taille inférieure à 1ᵐ 54* peuvent être parfaitement aptes au

Fig. 31 — *Éminoée* (Saint-Pol de Léon)
6 ans ; — t. 1,53 ; — p. 435 ; — t. p. 1,77 ; — l. p. 0,385 ; — L. 1,505 ; — t c. 0,20 — d. 0,86

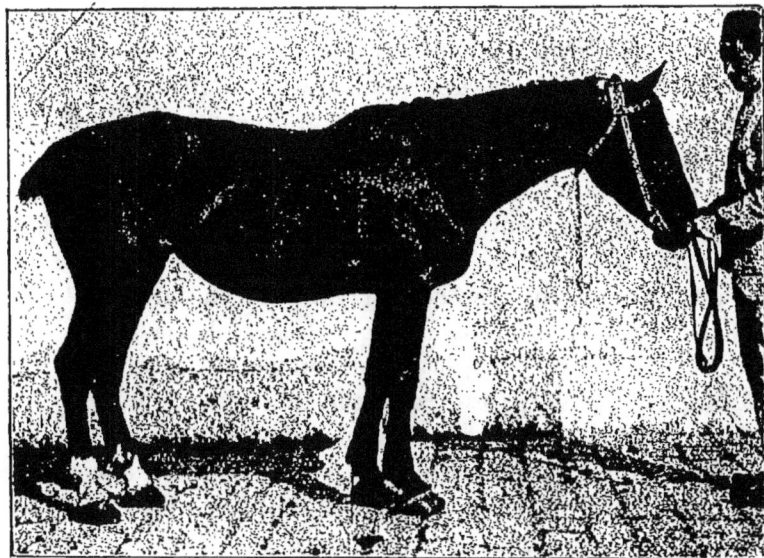

Fig. 32 — *Diane* (Saint-Pol de Léon)
7 ans ; — t. 1,53 ; — p. 481 ; — p. 1,84 ; — l. p. 0,38 ; — L. 1,575 ; — t. c. 0,195 ; — d. 0,81

service de l'artillerie et que, *au moment d'une mobilisation*, on trouvera parmi eux des animaux pour *tous les postes de nos attelages*. C'est donc très judicieusement que les instructions sur la réquisition ont fixé les tailles du cheval d'artillerie, et qu'elles autorisent le classement dans la 5ᵉ catégorie (artillerie trait léger) jusqu'à la *taille de 1ᵐ 46*;

4° *Le modèle*. — Le cheval d'artillerie, comme tout cheval pour tout service, doit être bien établi, fort dans son dessus, près de terre, solidement charpenté, porté par de bons membres bien dirigés.

Les chevaux soumis aux expériences étaient, en général, d'un modèle satisfaisant. Malgré leur apparence commune, et même à cause de cette apparence qui tient à leur force, et sous laquelle un œil exercé retrouve la distinction, presque tous avaient bien les qualités du bon attelage. Cependant, quelques-uns étaient un peu décousus, avec des jarrets loin, qui rendent le cheval lourd et maladroit, ou bien avec des jarrets cambrés, qui font que le cheval rapproche ses extrémités postérieures et s'entretaille quelquefois gravement, surtout dans les terrains accidentés et difficiles.

A la suite des expériences de 1909, la commission avait admis que la longueur du cheval devait être sensiblement égale à sa taille.

Il est manifeste que le petit cheval, tout en paraissant aussi court et même plus bref que le grand, est moins haut en général par rapport à sa longueur. Les jambes ont diminué ; le corps est resté sensiblement le même.

Donc, plus le cheval est petit, plus il est long par rapport à sa taille; ce qui explique que, pour une même épaisseur, son indice de compacité peut et doit être plus grand que pour le grand cheval. Toutefois, il y a lieu d'éviter que la longueur soit trop différente de la taille.

Enfin, le cheval d'attelage doit être bien ouvert, avec

Fig. 33 — *Hirondelle I* (Saint-Pol de Léon)
7 ans ; — t. 1,53 ; — p. 501 ; — t. p. 1,80 ; — l. p. 0,385 ; — L. 1,68 ; — t. c. 0,20 ; — d. 0,83
Or. *Quillier* 1/2 s. et fille de *Lord-Randy*, anglais.

Fig. 34 — *Roselle XIII* (Saint-Pol de Léon)
6 ans ; — t. 1,53 ; — p. 431 ; — t. p. 1,79 ; — l. p. 0,39 ; — L. 1,535 ; — t. c. 0,19 ; — d. 0,83
Or. *Unam* 1/2 s. et fille de *Old Times* (norfolk anglais).

un poitrail suffisamment large. Cette conclusion ressort nettement de l'examen des tableaux annexes V et VI.

.*.
* *

En résumé : Dans les tailles de 1ᵐ 48 à 1ᵐ 53, on *trouve d'excellents chevaux d'attelage, qui peuvent rendre de grands services dans les batteries montées de 75.*

Le cheval d'attelage d'artillerie du *temps de paix,* cheval qui doit être apte à occuper le poste de *porteur de derrière* et qui, en même temps, doit pouvoir être utilisé pour l'instruction à cheval des canonniers, doit, *à son complet développement et en état d'entraînement, présenter les caractères suivants :*

1° *Sa taille, dont le maximum a été fixé à 1ᵐ 62, ne doit pas être inférieure à 1ᵐ 50.*

La commission estime même, qu'il est *prudent de fixer* le minimum *normal de cette taille à 1ᵐ 52,* les chevaux de 1ᵐ 50 et 1ᵐ 51 devant être des sujets de *choix,* d'un modèle *parfait,* répondant entièrement aux conditions de masse et de trempe nécessaires au bon porteur de derrière;

2° Sa *masse* doit être suffisante et correspondre à un *indice de compacité* variant, avec la taille, de 8 1/2 à 9 1/2 au maximum.

Pouvant atteindre 8 1/2 pour les tailles de 1ᵐ 60 à 1ᵐ 62, cet indice doit augmenter au fur et à mesure que la taille diminue et se rapprocher de 9 1/2 pour les *petits chevaux,* ce qui représente un *poids de 450 à 475 kg* pour la taille de 1ᵐ 50 (les chevaux à leur complet développement et en état d'entraînement);

3° *Son modèle doit être régulier avec une bonne ampleur ;*

4° Il doit être *compact, près de terre, trempé, sans nervosité.*

Paris, le 12 novembre 1910.

Fig. 35 — *Empreinte* (Saint-Pol de Léon)
6 ans, — t. 1,53 ; — p. 482 ; — t. p. 1,87 ; — l. p. 0,38 ; — L. 1,615 ; — t. c. 0,20 ; — d. 0,81

Fig. 36 — *Émule* (Landivisiau)
6 ans ; — t. 1,53 ; — p. 482 ; — t. p. 1,83 ; — l. p 0,395 ; — L. 1,595 ; — t. c. 0,21 ; — d. 0,82

Fig. 37 — *Empereur* (Gourin)
6 ans; — t. 1,53; — p. 462; — t. p. 1,83; — l. p. 0,38; — L. 1,62; — t. c. 0,20; — d. 0,84

Fig. 38 — *Cannelle* (Landivisiau). — N'a pas participé aux épreuves (en état de gestation)
8 ans; — t. 1,47; — p. 500; — t. p. 1,76. — l. p. 0,40; — L. 1,615; — t. c. 0,215; — d. 0,76

Fig. 39 — *Canne* (Saint-Pol de Léon)
N'a pas participé aux épreuves (en état de gestation).
8 ans ; — t. 1,50 ; — p. 524 ; — t. p. 1,83 ; — l. p. 0,39 ; — L. 1,565 ; — t. c. 0,20 ; — d. 0,795

Fig. 40 — *Dépote* (Saint-Pol de Léon)
N'a pas participé aux épreuves (en état de gestation).
7 ans ; — t. 1,51 ; — p. 500 ; — t. p. 1,88 ; — l. p. 0,40 ; — L. 1,59 ; — t. c. 0,22 ; — d. 0,785

ANNEXE I

Programme des expériences à effectuer en 1910 sur le cheval d'attelage d'artillerie

Les expériences sur le cheval d'attelage d'artillerie, qui seront effectuées par la 2ᵉ batterie du 35ᵉ régiment d'artillerie, ont pour but de déterminer les services que pourraient rendre dans les batteries montées, des animaux de taille comprise entre 1ᵐ 48 et 1ᵐ 53.

Ces expériences seront suivies par une commission ayant la composition suivante. (Voir p. 4.)

. . . .

Durée, lieu et dates des opérations. — Les épreuves auront une durée de seize jours (y compris deux jours de repos).

Elles auront lieu à une date qui sera fixée ultérieurement, et seront effectuées par la 2ᵉ batterie du 35ᵉ régiment d'artillerie à Vannes (capitaine Peignier).

Nature des épreuves. — Les épreuves comprendront deux périodes :

Première période. — Marches sur routes d'une durée de six jours.

Deuxième période. — Marches-manœuvres d'une durée de huit jours.

Détail des épreuves. — *Première période.* — 1ᵉʳ jour, départ de la garnison, marche de 25 km. ;

2ᵉ jour, marche de 25 km;

3ᵉ jour, marche de 30 km avec bivouac à la fin de la marche;

4ᵉ jour, marche de 30 km;

5ᵉ jour, marche de 35 km, avec bivouac à la fin de la marche;

6ᵉ jour, marche de 35 km (départ de nuit).

Les marches auront lieu à la vitesse de 8 km à l'heure au maximum; on ne devra prendre que les allures réglementaires;

7ᵉ jour, repos.

Deuxième période. — 8ᵉ, 9ᵉ, 10ᵉ, 11ᵉ jours, marches-manœuvres;

12ᵉ jour, repos;

13ᵉ, 14ᵉ, 15ᵉ, 16ᵉ jours, marches-manœuvres.

Bivouacs: 10ᵉ et 15ᵉ jours; le 15ᵉ jour, départ de nuit; le 16ᵉ jour, rentrée dans la garnison.

Pendant cette période, la batterie sera considérée chaque jour comme faisant partie d'une colonne de toutes armes. Le travail

Fig. 41 — *Égarée* (Guingamp)
N'a pas participé aux épreuves (en état de gestation).
6 ans ; — t. 1,51 ; — p. 565 ; — t. p. 1,86 ; — l. p. 0,38 ; — L. 1,675 ; — t. c. 0,31 ; — d. 0,77
Or. présumée par *Jababas,* postier breton.

Fig. 42 — *Encombrante* (Landivisiau)
N'a pas participé aux épreuves (en état de gestation).
6 ans ; — t. 1,51 ; — p. 484 ; — t. p. 1,83 ; — l. p. 0,37 ; — L. 1,595 ; — t. c. 0,31 ; — d. 0,78

de chaque jour, imposé à la batterie, se rapprochera le plus possible du suivant :

1° Environ 10 km de pas à la vitesse de 4km 500 à l'heure (halte horaire comprise), artillerie encadrée dans une colonne d'infanterie ;

2° Marche d'environ 9 km au trot, coupée par 4 km de pas au maximum (en un ou plusieurs temps, suivant le terrain); l'artillerie est appelée à doubler l'infanterie pour entrer en action.

3° La reconnaissance de la position étant supposée faite, occupation rapide de l'emplacement reconnu (on choisira autant que possible des positions obligeant la batterie à se mouvoir en terrain lourd et accidenté);

4° Mise en batterie suivie d'un long repos sur place (une heure au minimum);

5° Changement de position suivi d'un long repos (une heure au minimum);

6° Se rendre à un cantonnement ou au bivouac à 6 km environ de la dernière position, les *caissons rentrant attelés à quatre.*

Le colonel commandant le 35e régiment préparera, en s'inspirant des indications ci-dessus, le programme détaillé de chaque journée; ce programme sera adressé à la 3e direction, 1er bureau, pour être soumis au général président de la commission.

La batterie cantonnera chaque jour, à l'exception des 3e, 5e, 10e et 15e jours, où elle bivouaquera. Les bivouacs pourront être établis dans le voisinage de localités où tout le personnel, qui ne sera pas employé à la surveillance des chevaux et du matériel, pourra cantonner (les chevaux non soumis aux expériences pourront également cantonner).

Dans les bivouacs, le harnachement ne pourra être abrité qu'avec des moyens de fortune.

Pour l'établissement de l'itinéraire à suivre et des opérations de la batterie, le colonel pourra prévoir l'utilisation de *camps d'instruction et des terrains de manœuvre à proximité des garnisons* sous la réserve expresse d'obtenir au préalable l'autorisation des autorités compétentes.

Tenue, harnachement et matériel. Tout le personnel sera en tenue de campagne.

Le tableau B (annexe IV) donne la constitution de la batterie en attelages soumis aux expériences avec le matériel à atteler.

Les ordres au sujet du harnachement à employer pour ces expériences seront donnés sous le timbre de la 3e direction.

Le matériel aura le chargement complet de guerre (munitions, outils, paquetages, avoine...); les vivres qui doivent être placés

Fig. 43 — *Encoche* (Landivisiau). — N'a pas participé aux épreuves
6 ans ; — t. 1,53 ; — p. 350.

Fig. 44 — *Ébauche* (Vittel)
6 ans ; — t. 1,48 ; — p. 454 ; — t. p. 1,76 ; — l. p. 0,395 ; — L. 1,57 ; — t. c. 0,19 ; — d. 0,79
Or. trait léger et 1/2 s.

Fig. 45 — *Bécasse* (Vézelise)
9 ans ; — t. 1,49 ; — p. 495 ; — t. p. 1,87 ; — l. p. 0,38 ; — L. 1,545 ; — t. c. 0,195 ; — d. 0,77
Or. Ardennais et 1/2 s.

Fig. 46 — *Dépit* (Vittel)
6 ans ; — t. 1,49 ; — p. 451 ; — t. p. 1,78 ; — l. p. 0,36 ; — L. 1,50 ; — t. c. 0,18 ; — d. 0,78
Or. *Kramier* 1/2 s. et jument 1/2 s.

Fig. 47 — *Ébat* (Vittel)
6 ans ; — t. 1,49 ; — p. 432 ; — t. p. 1,74 ; — l. p. 0,37 ; — L. 1,535 ; — t. c. 0,20 ; — d. 0,80
Or. trait léger et jument du pays.

Fig. 48 — *Bergère* (Vézelise)
9 ans ; — t. 1,50 ; — p. 493 ; — t. p. 1,84 ; — l. p. 0,38 ; — L. 1,625 ; — t. c. 0,21 ; — d. 0,78
Or. *Goëland* 1/2 s. et jument 1/2 s.

dans les coffres des voitures seront remplacés par des objets de poids équivalent.

Nourriture des chevaux. Ration de guerre. Pendant toute la durée des expériences, il sera fait usage du tarif A du 12 octobre 1887 (ration de guerre).

Organisation des batteries. La batterie devra être constituée quatre jours avant le commencement des expériences afin de permettre au capitaine commandant de procéder à la répartition des chevaux entre les pièces et à l'ajustage du harnachement. La veille du jour du départ, la batterie sera présentée attelée, à la commission chargée de suivre les expériences.

La batterie comprendra comme cadres :

1 capitaine, 2 lieutenants, 1 vétérinaire, 1 médecin, 1 adjudant, 1 maréchal des logis chef, 1 maréchal des logis fourrier, 1 sous-chef mécanicien, 1 brigadier fourrier, 1 brigadier maréchal, 2 aides maréchaux non montés, 2 trompettes.

1 gradé (maréchal des logis ou brigadier) par voiture participant aux expériences.

Chaque voiture (canon ou caisson) aura, sur les coffres, 3 servants ou conducteurs non montés.

La batterie emmènera en plus le personnel et les voitures nécessaires pour assurer les détails du service; les chevaux affectés à ce personnel et à ces voitures ne participeront en aucune façon aux expériences et seront choisis d'une façon quelconque dans le régiment.

Répartition et désignation des chevaux d'attelage soumis aux expériences. Les chevaux d'attelage seront répartis de façon à constituer *par voiture* des lots comprenant la même proportion de chevaux des différentes tailles. Les chevaux (en dehors des soixante de taille comprise entre 1^{m}48 et 1^{m}53) en nombre égal à celui fixé par le tableau B, seront désignés dans chaque régiment par *voie de tirage au sort*, sur l'ensemble de tous les animaux disponibles de six à douze ans. Les tailles inscrites sur les livrets étant celles des animaux au moment de leur achat, devront être prises à nouveau avant le *tirage au sort, qui sera fait sous la responsabilité du chef de corps.*

Dans le cas où il ne serait pas possible de trouver dans chaque régiment les 30 chevaux remplissant les conditions de taille et d'âge indiquées par le tableau B, on désignera des animaux par voie de tirage au sort, parmi ceux qui se rapprochent le plus du type demandé.

Renseignements à fournir. 1° Un contrôle de tous les chevaux de la batterie, conforme au modèle A ci-joint (annexe III), devra être établi par les soins du corps avant l'arrivée de la commission.

Fig. 49 — *Écaille* (Vézelise)
6 ans ; — t. 1,50 ; — p. 443 ; — t. p. 1,77 ; — l. p. 0,35 ; — L. 1,575 ; — t. c. 0,185 ; — d. 0,83
Or. trait léger et jument du pays.

Fig. 50 — *Cousine* (Vittel)
7 ans ; — t. 1,50 ; — p. 440 ; — t. p. 1,80 ; — l. p. 0,37 ; — L. 1,615 ; — t. c. 0,20 ; — d. 0,80
Or. trait et 1/2 s.

Fig. 51 — *Etai* (Vittel)
6 ans; — t. 1,60; — p. 453; — t. p. 1,78; — l. p. 0,39; — L. 1,555; — t. c. 0,20; — d. 0,80
Or. Boulonnais et 1/2 s.

Fig. 52 — *Dorade* (Rambervillers)
7 ans; — t. 1,51; — p. 515; — t. p. 1,84; — l. p. 0,38; — L. 1,685; — t. c. 0,20; — d. 0,80
Or. fils d'ardennais.

Fig. 53 — *Dé* (Neufchâteau)
7 ans ; — t. 1,51 ; — p. 444 ; — t. p. 1,73 ; — l. p. 0,35 ; — L. 1,55 ; — t. c. 0,18 ; — d. 0,80
Or. 1/2 s. et jument du pays.

Fig. 54 — *Crevette* (Vézelise)
8 ans ; — t. 1,52 ; — p. 462 ; — t. p. 1,79 ; — l. p. 0,375 ; — L. 1,56 ; — t. c. 0,18 ; — d. 0,80

Les renseignements relatifs aux poids, tour de poitrine, longueur du cheval de la pointe de l'épaule à la pointe de la fesse, tour des membres antérieurs, seront établis en présence de la délégation de la commission qui doit arriver à Vannes trois jours avant le commencement des expériences;

2° Un graphique de marche indiquera pour chaque jour la distance parcourue, la coupe du terrain, sa nature et son état, la température et l'état de l'atmosphère.

Opérations de la commission. 1° La commission complète se réunira à Vannes, la veille du commencement des épreuves et le jour de la rentrée définitive dans la garnison; elle examinera tous les chevaux et vérifiera les renseignements portés sur l'état modèle A; la commission mentionnera dans un rapport détaillé toutes les observations faites;

2° Une délégation de la commission (dont M. le vétérinaire-major Junot) se rendra à Vannes trois jours avant le commencement des épreuves; elle aura pour mission de procéder à un premier examen des chevaux et aux opérations de mensuration dont il est parlé plus haut. Le plus ancien des officiers de cette délégation s'entendra, à cet effet, directement avec le colonel commandant le régiment dont fait partie la batterie d'expériences;

3° Les expériences seront suivies par une délégation de la commission composée de 4 membres.

Le programme des expériences sera définitivement arrêté la veille du départ par le général président de la commission; le capitaine commandant la batterie chargée d'exécuter ce programme devra déférer aux instructions qui lui seront données soit par le président de la commission, soit par les officiers chargés d'accompagner la batterie pendant les épreuves.

Pesées. Les pesées à effectuer avant le départ auront lieu à 6 heures du matin, l'avant-veille du départ, en présence d'une délégation de la commission, comme il est dit ci-dessus.

Les chevaux seront à jeun et ne devront pas être allés à l'abreuvoir.

Dépenses. Les dépenses qu'entraînera le déplacement du personnel de la batterie seront imputées au chapitre XIX du budget (exercices techniques de l'artillerie).

Fig. 55 — *Écart* (Neufchâteau)

6 ans; — t. 1,52; — p. 474; — t. p. 1,79; — l. p. o,38; — L. 1,56; — t. c. o,21; — d. o,81

Fig. 56 — Le même au retour des épreuves

Fig. 57 — *Évent* (Rambervillers)
6 ans; — t. 1,53; — p. 500; — t. p. 1,81; — l. p. 0,38; — L. 1,64; — t. c. 0,21; — d 0,82
Or. percheron et jument du pays

Fig. 58 — Le même au retour des épreuves.

ANNEXE II

Avis de la Commission sur les chevaux examinés

1° *Petits bretons*

A part quelques chevaux trop légers pour l'arme, les petits bretons ont fait preuve d'une aptitude parfaite au service de l'artillerie. Ils ont une trempe bien supérieure à celle des grands chevaux du même pays.

Leur puissance et leur énergie en font d'excellents animaux que l'armée sera heureuse de posséder au moment d'une mobilisation.

2° *Petits chevaux de l'Est*

Le lot, beaucoup moins homogène que le précédent, comportait pourtant des chevaux d'un modèle très acceptable. Cependant, presque tous ont été éprouvés, quelques-uns à cause de leur légèreté, d'autres à cause de leur manque de trempe. Deux juments qui possédaient bien le caractère de l'ancienne race ardennaise, juments peut-être un peu massives, mais très fortement établies, avec une certaine distinction, avaient, avec des allures faciles, une puissance de démarrage et de traction remarquables.

Il est à souhaiter que la région de l'Est produise beaucoup de chevaux de ce modèle, qu'elle peut si bien réussir.

Fig. 59 — *Eboki*. N'a pas participé aux épreuves (infirmerie).

Fig. 60 — *Ursule* (Manche)

11 ans; — t. 1,60; — p. 476; — t. p. 1,81; — l. p. o,38; — L. 1,67; — t. e. o,20; — d. o,8 5

Fig. 61 — *Scélérat* (Manche)

12 ans ; — t. 1,62 ; — p. 517 ; — t. p. 1,86 ; — l. p. 0,385 ; — L. 1,725 ; — t. c. 0,21 ; — d. 0,90

Fig. 62 — *Utile I* (Manche)

12 ans ; — t. 1,62 ; — p. 524 ; — t. p. 1,89 ; — l. p. 0,375 ; — L. 1,665 ; — t. c. 0,21 ; — d. 0,87
Or. *Nerf* 1/2 s. et *Bijou* 1/2 s.

ANNEXE III

Contrôle des chevaux de la 11e batterie du 35e régiment d'artillerie ayant participé du   au   1910

aux expériences prescrites par la décision ministérielle du 18 juillet 1910

NOM du cheval	SIGNALEMENT	SEXE	AGE	TAILLE	POIDS AVANT L'EXPÉRIENCE	ORIGINE Sang	PROVENANCE Département d'achat	PROVENANCE Département où le cheval est né (1)	PRIX D'ACHAT	Date d'achat	TOUR DE POITRINE mesuré un peu en arrière du garrot	TOUR DU MEMBRE ANTÉRIEUR pris à 10 cm au-dessous de l'os crochu	LONGUEUR DE LA POINTE DE L'ÉPAULE à la pointe de la fesse	DISTANCE DU SOL au passage des sangles	LARGEUR DU POITRAIL mesurée entre les deux pointes d'épaule	DÉPÔT DE REMONTE LIVRANCIER	ÉTAT GÉNÉRAL	POIDS À LA FIN DES EXPÉRIENCES	INDISPONIBILITÉS pendant les expériences Causes et durée	BLESSURES CAUSÉES par le harnachement	ÉTAT GÉNÉRAL	OBSERVATIONS de la Commission
Caban	bai brun	H	8	1,56	510 kg	Normand père = mère = 1/2 sang			1.000 fr	17 janvier 1902		20				St-Lô		504 kg	Coup de pied au bivouac, 5 jours	Blessé au garrot		

(1) Si le livret permet d'avoir les renseignements.

TABLEAU B

Répartition des chevaux d'attelage devant prendre part aux épreuves de Vannes en 1910

BATTERIE chargée de procéder aux épreuves	DÉPÔT acheteur	AGE des chevaux	NOMBRE de chevaux	TAILLE	RÉGIMENT devant fournir les chevaux	VOITURES à atteler	OBSERVATIONS
1re batterie du 35e d'artillerie à Vannes.	Guingamp	6 à 12 ans	45	1m48 à 1m53 inclus	35e d'artillerie	2 canons, 7 caissons, 3 attelages H. L. P.	Chevaux achetés spécialement pour les épreuves et envoyés directement au 36e d'artillerie.
	Faverney	Id.	15	Id.	Id.		
	Quelconque	Id.	15	1m54 à 1m58	28e d'artillerie		
Capitaine Peignier	Id.	Id.	15	1m59 à 1m62	} 35e d'artillerie	2 canons, 7 caissons, 3 attelages H. L. P.	
	Id.	Id.	15	1m54 à 1m58			
	Id.	Id.	15	1m59 à 1m62			

Total : 120 chevaux de trait attelant : 4 canons, 14 caissons, 6 attelages H. L. P.

NOM du cheval	PROVENANCE	ORIGINE	SEXE	AGE	TAILLE	ROBE	PRIX	POIDS À l'achat	au départ	à l'arrivée	PERTE DE POIDS	LARGEUR DU POITRAIL	TOUR DE POITRINE	TOUR DU SURDOS	LONGUEUR	DISTANCE	ÉTAT GÉNÉRAL avant le départ	à l'arrivée	BLESSURES
					m		fr	kg	kg	kg	kg	cm	m	cm	m	cm			
Dictature	Saint-Pol-de-Léon	Présumée par Tripes. Trait breton	J	7	1,46	Alezan	950	470	420	388	32	38	1,71	20,5	1,58	77	Assez bon état	Assez bon état	
Difficile	Landivisiau	S. O.	J	7	1,47	Bai	950	485	440	414	26	40	1,76	21	1,62	77	Id.	Maigre, fatigué	Se coupe.
Flemme	Le Faouët	»	J	5	1,48	Alezan	950	455	430	395	35	40	1,74	20	1,57	80	Id.	Très bon état	
Bosse	Gourin	»	J	5	1,48	Bai	1000	480	440	403	37	41,5	1,78	19	1,60	70	Bon état	Bon état, fatigué	
Émotion	Loudéac	»	J	6	1,49	Gris	900	410	390	375	15	36,5	1,68	19,05	1,512	80	Assez bon état	Id.	
Combo	Id.	Indompté 4/2 s. et fille d'Euphise	H	6	1,49	Bai	900	457	417	408	+ 1	37,5	1,72	20,5	1,505	81	Id.	Très bon état	
Bord	Guingamp	S. O.	H	6	1,49	Aubère	900	435	422	400	13	38	1,71	21	1,59	79	Assez bon état	Assez bon état	
Empruntée	Saint-Pol-de-Léon	»	J	6	1,49	Bai	950	485	452	445	27	38	1,71	20,5	1,55	81	Bon état	Id.	
Diligence	Brasparts	»	J	7	1,49	Id.	975	507	465	420	45	36	1,83	19	1,645	82	Id.	Id.	
Dame	Le Faouët	»	J	7	1,49	Id.	950	465	425	450	32	39,5	1,82	20	1,63	77,5	Id.	Id.	Se coupe.
Éminence	La Martyre	»	J	7	1,49	Noire	950	506	450	453	77	36	1,89	19,6	1,58	77	Très bon état	Très bon état	Se coupe.
Digitale	Landivisiau	»	J	7	1,49	Aubère	1000	504	475	435	40	40	1,78	21	1,57	79	Bon état	Fatigué, se coupe	Se coupe.
Élingue	Brasparts	»	J	6	1,50	Bai	950	455	405	379	26	36,5	1,72	20	1,51	81	Assez bon état	Bas d'état	Excoriations passage des traits.
Candeur	La Martyre	»	J	8	1,50	Id.	950	485	470	430	40	39	1,80	21	1,663	79	Bon état	Bon état	
Empeigne	Saint-Pol-de-Léon	Présumée par Vibrant 1/2 s. et une jument de trait	J	6	1,50	Aubère	1000	445	400	375	25	35,5	1,78	19	1,52	81	Bas d'état	Bas d'état	Se touche.
Endiablée	Landivisiau	»	J	6	1,50	Id.	1000	445	435	397	88	36	1,77	18,5	1,563	80	Assez bon état	Assez bon état	
Bonsoir	Brasparts	»	H	6	1,50	Alezan	950	435	418	400	18	40	1,80	19	1,55	79	Bon état	Bon état	
Modèle	Landivisiau	Brillant 1/2 s. et Old. Times anglais	J	6	1,50	Bai	950	448	420	400	20	39	1,79	19	1,565	79	Id.	Assez bon état	
Enclume	Id.	»	J	6	1,50	Aubère	1075	508	485	460	25	39	1,81	19	1,665	79,5	Assez bon état	Bas d'état	Crevasses.
Égide	Le Faouët	»	J	6	1,50	Gris	950	440	420	405	35	39	1,81	20	1,575	81	Bon état	Assez bon état	
Émaciée	Loudéac	Présumée par Obélisque 1/2 s., la mère par Enghien 1/2 s.	J	6	1,51	Bai	950	435	408	390	9	38	1,75	19	1,62	81	Bas d'état	Maigre	
Élée	Guingamp	S. O.	J	6	1,51	Id.	950	480	480	450	30	36,5	1,83	21	1,635	81	Id.	Bon état	
Émilie	Id.	»	J	6	1,52	Id.	1000	515	450	435	15	39	1,71	20	1,61	84	Assez bon état	Assez bon état	
Éminente	Saint-Pol	»	J	6	1,52	Alezan	1000	530	490	480	10	39	1,82	20,5	1,55	81	Id.	Bon état	
Emplâtre	Id.	»	J	6	1,52	Gris	1000	538	500	480	40	39,5	1,83	20,5	1,615	88	Assez bon état	Bas d'état	Se coupe.
Émulsion	Landivisiau	»	J	6	1,52	Bai	950	490	470	420	50	39	1,73	21	1,63	83	Id.	Bas d'état	
Enclave	Id.	»	J	6	1,52	Alezan	975	497	471	450	21	38	1,76	18,5	1,50	85	Assez bon état	Assez bon état	
Émouluc	Saint-Pol	»	J	6	1,52	Aubère	975	502	472	455	47	37	1,77	19,5	1,57	83	Mauvais état	Mauvais état	
Digue	Brasparts	Présumée fille d'un étalon père de p. s. arabe	J	7	1,52	Alezan	975	440	425	380	45	39	1,82	19	1,55	82	Assez bon état	Assez bon état	
Dévouée	Guingamp	S. O.	J	7	1,53	Bai	975	500	470	455	45	38,5	1,82	21	1,605	83	Bon état	Id.	
Endive	Brasparts	»	J	6	1,53	Alezan	1000	557	526	470	56	37,5	1,80	20	1,62	82	Id.	Bon état, fatigué	
Hirondelle II	Loudéac	Pelas 1/2 s. et fille de Chasseron p. s.	J	7	1,53	Rouan	975	485	437	410	27	37,5	1,75	18	1,57	82	Assez bon état	Bas d'état	
Éminée	Saint-Pol	»	J	7	1,53	Alezan	1000	470	435	390	45	38,5	1,77	20	1,665	86	Id.	Id.	Excoriations légères au poitrail, se coupe.
Diane	Id.	»	J	7	1,53	Bai	975	500	468	»	32	38	1,84	19,5	1,575	81	Bas d'état	Revenue à l'arrivée	
Hirondelle	Id.	Quillier 1/2 s. et fille de Lord Ronald anglais	J	7	1,53	Id.	1025	500	465	465	39	38,5	1,80	20	1,63	88	Bon état	Assez bon état	
Rosette XIII	Id.	Unam 1/2 s. et fille de Old Times, Norfolk anglais	J	6	1,53	Id.	1025	466	451	400	16	39	1,76	20	1,635	89	Id.	Id.	
Empreinte	Id.	»	J	6	1,53	Id.	1025	540	542	510	32	38	1,82	21	1,635	81	Assez bon état	Id.	
Émile	Landivisiau	»	H	6	1,53	Alezan	1025	500	482	450	32	39,5	1,82	21	1,595	80	Id.	Bas d'état	
Empereur	Gourin	»	H	6	1,53	Bai	950	500	462	468	6	38	1,82	20	1,62	81	Bon état	Bon état	

Chevaux bretons n'ayant pas participé aux épreuves

Cannelle	Landivisiau	»	J	8	1,47	Alezan	975	518	500	»	»	40	1,76	21,5	1,615	76	En état de gestation	»	»
Canne	Saint-Pol	»	J	8	1,50	Id.	975	524	470	»	»	39	1,83	20	1,565	79,5	Id.	»	»
Dévote	Id.	»	J	7	1,51	Gris	1100	515	500	»	»	40	1,88	22	1,70	78,5	Id.	»	»
Égarée	Guingamp	Présumé par Debotte, poulier breton	J	6	1,51	Aubère	900	565	530	»	»	38	1,82	21	1,675	77	Id.	»	»
Recouvrable	Landivisiau	»	J	6	1,51	Bai	950	500	484	»	»	37	1,85	21	1,595	78	Id.	»	»
Encoche	Id.	»	J	6	1,53	Alezan	975	530	»	»	»	»	»	»	»	»	»	»	»

Chevaux de l'Est

Ébauche	Vittel	P. trait léger, M. 1/2 s.	J	6	1,48	Rouan	1025	490	455	420	34	39,5	1,70	19	1,57	79	Assez bon état	Assez bon état	
Bécasse	Vézelise	P. ardennais, M. 1/2 s.	J	9	1,49	Id.	950	470	420	430	45	38	1,87	19,5	1,545	77	Très bon état	Bon état, fatigué	
Dépit	Vittel	P. Kramier 1/2 s., M. 1/2 s.	H	6	1,49	Bai	900	450	451	400	51	36	1,78	18	1,56	78	Assez bon état	Bas d'état	Se coupe.
État	Id.	P. trait léger, M. du pays	H	6	1,49	Id.	900	450	421	415	17	87	1,75	20	1,535	80	Id.	Assez bon état	
Bergère	Vézelise	P. Goéland 1/2 s., M. 1/2 s.	J	6	1,49	Alezan brûlé	1025	490	435	420	34	35	1,77	18,5	1,665	78	Bas d'état	Maigre, très fatigué	
Écaille	Id.	P. trait léger, M. du pays	J	6	1,50	Aubère	950	465	420	390	34	35	1,77	18,5	1,575	78	Id.	Maigre, très fatigué	
Consine	Vittel	P. trait, M. 1/2 s.	J	6	1,50	Bai	950	470	440	450	10	37	1,80	20	1,615	80	Id.	Bas d'état	
Étui	Id.	P. Boulonnais, M. 1/2 s.	J	6	1,50	Gris	1050	500	453	425	28	40	1,80	19	1,595	80	Bon état	Assez bon état	
Dorade	Xambertillers	P. fils d'ardennais	J	7	1,51	Alezan	1050	500	515	475	40	38	1,84	20	1,685	80	Id.	Id.	Se coupe.
Dô	Neufchâteau	P. 1/2 s., M. jument du pays	H	6	1,51	Bai	1000	490	463	430	34	35	1,78	18	1,55	82	Assez bon état	Id.	
Écart	Vézelise	P. ardennais, M. 1/2 s.	J	6	1,52	Rouan	1050	477	434	435	39	38	1,79	21	1,56	80	Bon état	Assez bon état	Excoriations au poitrail.
Crevette	Id.	S. O.	J	8	1,52	Bai	1050	445	420	430	35	37,5	1,79	18	1,56	80	Assez bon état	Bas d'état, fatigué	
Évent	Xambertillers	P. percheron, M. jum. du pays	H	6	1,53	Alezan brûlé	1000	475	500	480	70	38	1,81	21	1,64	80	Assez bon état	Assez bon état	

Chevaux de l'Est n'ayant pas participé aux épreuves

| Établi | » | » | » | » | » | » | » | » | » | » | » | » | » | » | » | » | Infirmerie | » | » |
| Eunuque | » | » | » | » | » | » | » | » | » | » | » | » | » | » | » | » | Mort | » | » |

NOM du cheval	PROVENANCE	ORIGINE	SEXE	AGE	TAILLE	ROBE	PRIX D'ACHAT	POIDS au départ	POIDS à l'arrivée	PERTE DE POIDS	TOUR DE POITRINE	TOUR DU TENDON	LONGUEUR	DISTANCE DU SOL au passage des sangles	LARGEUR DU POITRAIL	ÉTAT GÉNÉRAL avant le départ	ÉTAT GÉNÉRAL à l'arrivée	BLESSURES
					m		fr	kg	kg	kg	m	cm	m	cm	cm			
Vannes	Morbihan	sire par Corlay et fille d'Ernestine	J	11	1,50	Alezan	825	470	425	45	1,79	20	1,57	80	39	Assez bon état	Bas d'état	Se coupe.
Défense	Finistère	S. O.	J	7	1,54	Bai	975	474	460	14	1,80	19	1,645	82	37	Mauvais état	Id.	Id.
Gaspilleuse	Id.		J	8	1,54	Gris clair	1050	453	417	36	1,81	20	1,635	81	37	Assez bon état	Bas d'état, fatigué	
Gredin	Côtes-du-Nord		H	7	1,54	Noir mal teint	1000	450	450		1,79	19	1,645	82	37,5	Bon état	Assez bon état (crevassé)	Excoriations se perdait.
Giselle	Finistère		J	8	1,54	Alezan	950	491	460	31	1,81	20	1,595	81	38	Id.	Assez bon état	
Cité	Id.		J	8	1,55	Bai	1025	470	438	35	1,77	19	1,66	82	5,37	Bas d'état	Maigre	
Danse	Id.		J	7	1,55	Rouan	90	456	390	66	1,76	19	1,565	85	38	Assez bon état	Bas d'état	Excoriations sur les côtes.
Belle II	Id.		J	9	1,55	Bai	950	488	435	58	1,82	20,5	1,605	82	33	Id.	Bas d'état, fatigué	
Bruyère	Id.		J	11	1,55	Isabelle	1100	488	450	38	1,83	20	1,68	83	38	Bas d'état	Bas d'état	Se coupe.
Rondelle	Id.		J	10	1,55	Alezan	925	452	420	32	1,70	20	1,615	85	36	Assez bon état	Id.	
Gasconnade	Id.		J	9	1,55	Id.	900	485	427	58	1,85	20	1,525	83	39	Bon état	Assez bon état	
Basquine	Id.		J	7	1,55	Alezan brûlé	950	460	440	40	1,81	21	1,635	81	37	Assez bon état	Bas d'état, fatigué	
Grôlle	Id.		J	7	1,55	Gris	950	450	405	45	1,80	20	1,56	83	37,5	Id.		
Crosse	Id.		J	8	1,56	Isabelle	1000	465	425	40	1,74	19	1,605	82	37,5	Bas d'état	Maigre	Hygromas aux avant-bras.
Fannie	Id.		J	10	1,56	Noir	925	475	450	22	1,78	19	1,685	85	33	Id.	Bas d'état	Excoriations sur le dos, se coupe.
Sara	Id.		J	8	1,56	Gris	950	425	390	35	1,75	18,5	1,575	84	37,5	Assez bon état, excoriations au dos		
Fleurie	Id.		J	9	1,56	Bai	1000	425	420	55	1,81	20	1,63	80	38	Assez bon état	Bas d'état, fatigué	
Daurade	Id.		J	7	1,56	Alezan	1025	462	410	51	1,82	18,5	1,585	82,5	38,5	Assez bon état (couronné)	Bas d'état	
Guenille	Id.		J	9	1,56	Bai brun	975	492	470	22	1,83	20,5	1,60	84	39	Bon état	Assez bon état	Se coupe.
Glève	Id.		J	12	1,56	Aubère	925	456	365	61	1,88	19	1,65	84	39	Bon état (couronne)	Bas d'état, fatigué	
Cantate	Id.		J	8	1,57	Noir	1050	459	465	7	1,78	19	1,655	85	38	Bon état	Id.	
Élégante	Id.	Sénégal 4/2 s., et Noisby 4/2 s. Norfolk	J	8	1,57	Bai	1150	505	480	25	1,83	20	1,65	83	38	Id.	Assez bon état	
Galante	Côtes-du-Nord		J	8	1,57	Noir mal teint	925	490	435	55	1,79	20,5	1,625	82	40	Bon état	Assez bon état	
Gant	Finistère		H	8	1,57	Bai brun	975	481	440	41	1,86	19,5	1,60	84	39	Bon état	Id.	
Vigie	Manche		J	11	1,58	Bai	1000	515	485	30	1,85	19,5	1,635	84	39	Bas d'état, excoriations au garrot	Maigre, tranquille, B. C.	Excoriations se perd.
Gosse	Finistère		J	7	1,58	Id.	950	530	485	45	1,80	19,5	1,635	83	40,5	Bon état	Assez bon état, fatigué	
Gloutonne	Id.		J	10	1,58	Gris foncé	900	476	459	17	1,85	20	1,655	84		Mauvais état (couronne)	Mauvais état, fatigué	
Kenavo	Id.	Quillier 1/2 s. et Mignare	J	6	1,59	Rouan	1050	465	440	70	1,83	21	1,635	86	38,5	Assez bon état	Maigre	
Élise	Id.	Rufus 1/2 s. et Ferret 1/2 s.	H	7	1,59	Bai	1025	450	420	30	1,77	19	1,65	88	39	Bon état	Assez bon état, fatigué	Excoriations au garrot, se coupe.
Artisan	Id.		H	7	1,59	Aubère	975	550	465	85	1,83	20	1,63	84,5	38	Assez bon état	Assez bon état, fatigué	Excoriations au garrot.
Gaulois	Côtes-du-Nord	Rigodon, postier, et Victoria 1/2 s.	J	7	1,59	Alezan	1025	482	450	32	1,80	20	1,635	86	37	Bas d'état	Maigre, fatigué	
Rosette IX																		
Clariette	Finistère	Marot 1/2 s. et Clettie	J	9	1,59	Id.	1025	507	445	62	1,81	22	1,645	85	38	Assez bon état	Assez bon état, très fatigué	
Guichen	Id.		H	7	1,59	Bai	975	500	460	70	1,85	20	1,665	84	37	Bon état	Maigre, très fatigué	
Galc	Id.		J	9	1,59	Gris	950	505	455	55	1,87	19	1,68	87,5	37	Bon état	Assez bon état	
Ernestine	Id.		J	6	1,60	Alezan	950	463	414	53	1,81	19	1,665	84		Assez bon état	Id.	Excoriations sur la croupe.
Danima	Id.	Daunty-Boy Norfolk et Marot 1/2 s., pr St-Julien et Corlay	H	7	1,60	Noir	1200	465	460	5	1,77	20,5	1,585	86,5	39	Assez bon état	Id.	
Vague	Côtes-du-Nord		J	11	1,60	Alezan	1100	530	500	30	1,83	21	1,66	87	38,5	Assez bon état	Bas d'état, fatigué	
Baille I	Finistère	1/2 s.	J	8	1,60	Bai	1000	505	445	54	1,85	20,5	1,68	86,5	36	Assez bon état, excoriations sur les côtes	Id.	Excoriations sur les côtes.
Cabotin	Id.	S. O.	H	8	1,60	Alezan	975	465	440	45	1,77	21	1,68	86,5		Assez bon état (couronne)		
Girafe	Id.		J	6	1,60	Bai	975	481	440	41	1,81	19	1,64	88	38,5	Assez bon état (couronne des deux genoux)	Maigre	
Ursule	Manche		J	11	1,60	Bai	1100	476	430	46	1,81	21	1,67	86,5	39	Bas d'état	Maigre	
Départ	Finistère	Patriote p. s. et Bellone 1/2 s.	H	7	1,60	Alezan	950	514	458	56	1,83	22	1,625	85	37,5	Assez bon état	Bas d'état	
Gargotte	Id.	S. O.	J	9	1,60	Gris clair	950	500	480	20	1,78	21	1,605	89	39	Bas d'état	Maigre, très fatigué	
Gagiste	Id.		H	9	1,60	Bai	975	505	455	45	1,86	20	1,605	89	39	Bon état	Bas d'état	
Gradin	Id.		J	7	1,60	Noir	975	500	450	74	1,76	19	1,605	89	39	Assez bon état	Id.	
Géométral	Id.		J	7	1,60	Bai	950	450	455	35	1,79	20	1,555	86	39	Bon état	Assez bon état	
Dormeuse	Id.		H	8	1,61	Aubère	950	444	420	24	1,81	21	1,605	89	39	Id.	Bon état	
Galoubet	Id.		H	8	1,61	Bai	950	470	436	54	1,83	21	1,625	84	39	Id.	Assez bon état, fatigué	
Corentin	Id.		H	8	1,61	Alezan	1000	465	485	30	1,78	20	1,625	84		Id.	Assez bon état	
Finette	Id.	The Général 4/2 s. Norf. angl., et fille de Jacob, postier breton	H	10	1,61	Bai	1000	465	435	30	1,78	20	1,625	84		Id.	Id.	Se coupe.
Chérie I	Manche	Pallus 1/2 s. et Illustre	J	11	1,62	Bai	875	517	470	47	1,86	21	1,725	90	38,5	Mauvais état	Maigre, très fatigué	
Scélérat	Id.		H	12	1,62	Id.	875	492	450	42	1,81	20	1,655	85		Assez bon état	Bas d'état	Blessé bricole, garrot et côtes.
Natal	Finistère	Nerf 1/2 s. et Bijou 1/2 s.	H	9	1,62	Gris clair	975	502	450	52	1,89	21	1,665	87	37,5	Id.	Id.	
Utile I	Manche		J	12	1,62	Bai	975	490	435	35	1,89	21	1,665	87	37,5	Id.	Id.	
Galetteux	Finistère		H	6	1,62	Alezan	1000	520	483	37	1,88	20	1,66	88	37	Id.	Id.	

Dépens —
Passe-tout Ces trois chevaux n'ont pas été mesurés, ayant remplacé trois animaux qui ont été reconnus dans l'impossibilité de partir le matin du départ de la batterie.
Garibaldi —

Tableau indiquant les indisponibilités des petits chevaux pendant leur séjour à Vannes

CHEVAUX						

Petits Bretons

Eusèbe
Gambo
Ibex
Décisive
Diététie
Conseille
Pleune
Gaudor
Empêtgne
Josaphat
Rodande
Dessar
Diligence
Dumé
Eminent
Cumu
Aeable
Zuchose
Digitale
Disse
Agile
Resile
Décote
Éminent
Cadre
Agatie
Émule
Hirondelle B.
Kutarchi
Exspiltre
Zurhkion
Enclave
Diane
Hirondelle I
Huette XIII
Exspirante
Émile
Euvache
Émeline
Digue
Empereur

Ardennais

Bergère
Rai
Famage
Event
Do.
Dorale
Nicasse
Crevette
Coutise
Kralle
Dépit
Eiché
Ebel
Ebanche
Écart

NANCY — IMPRIMERIE BERGER-LEVRAULT